# BEI GRIN MACHT SICH
# WISSEN BEZAHLT

- Wir veröffentlichen Ihre Hausarbeit,
  Bachelor- und Masterarbeit

- Ihr eigenes eBook und Buch -
  weltweit in allen wichtigen Shops

- Verdienen Sie an jedem Verkauf

## Jetzt bei www.GRIN.com hochladen
## und kostenlos publizieren

Raoul Privenau

# TrustRank - eine Einführung

GRIN Verlag

**Bibliografische Information der Deutschen Nationalbibliothek:**

Die Deutsche Bibliothek verzeichnet diese Publikation in der Deutschen National-
bibliografie; detaillierte bibliografische Daten sind im Internet über http://dnb.d-
nb.de/ abrufbar.

**Impressum:**

Copyright © 2008 GRIN Verlag GmbH
Druck und Bindung: Books on Demand GmbH, Norderstedt Germany
ISBN: 978-3-640-24520-8

**Dieses Buch bei GRIN:**

http://www.grin.com/de/e-book/120332/trustrank-eine-einfuehrung

**GRIN - Your knowledge has value**

Der GRIN Verlag publiziert seit 1998 wissenschaftliche Arbeiten von Studenten, Hochschullehrern und anderen Akademikern als eBook und gedrucktes Buch. Die Verlagswebsite www.grin.com ist die ideale Plattform zur Veröffentlichung von Hausarbeiten, Abschlussarbeiten, wissenschaftlichen Aufsätzen, Dissertationen und Fachbüchern.

**Besuchen Sie uns im Internet:**

http://www.grin.com/

http://www.facebook.com/grincom

http://www.twitter.com/grin_com

Martin-Luther-Universität

Halle-Wittenberg

– Institut für Informatik –

**Seminararbeit**

# Trustrank

Seminar:    „Seminar über Datenbanken, XML und Suchmaschinen"

im Sommersemester 2008

Raoul Privenau                    14. Semester

Diplom Wirtschaftsinformatik

I

# Inhaltsverzeichnis

# Abbildungsverzeichnis

# Tabellenverzeichnis

# Abkürzungsverzeichnis

**BOF**     Binäre Orakel-Funktion
*Bewertung von Webseiten durch Experten*

**HTTP**     Hypertext Transfer Protocol
*Transportprotokoll der TCP/IP Protokollfamilie*

**IP**     Internet Protokoll
*Transportiert Daten zu einer eindeutigen Adresse im Internet*

**IRS**     Information Retrieval System
*Komponente einer Suchmaschine zur Entwicklung des Datenbestandes*

**PR**     Page Rank
*Hypermedia-basiertes Verfahren zur Relevanzbestimmung von Webseiten*

**QP**     Query Processor
*Suchkomponente einer Suchmaschine*

**TCP**     Transmission Control Protocol
*Für den bidirektionalen Datentransport in Netzwerken*

**TF**     Trust-Funktion
*Funktion zur Bewertung des Vertrauens einer Webseite*

**TR**     Trust Rank
*Hypermedia-basiertes Verfahren zur Relevanzbestimmung von Webseiten*

**URL**     Uniform Resource Locator
*Standardisierte Adressierungsform für WWW-Ressourcen*

**WCS**     Webcrawler-System
*Komponente einer Suchmaschine zur Erfassung von WWW-Dokumenten*

**WWW**     World Wide Web (kurz: Web)
*Informationsdienst im Internet*

# 1. Einleitung

Die Wandlung vom klassischen Web 1.0 zum Web 2.0 bildet den Rahmen dieser Ausarbeitung. Im klassischen Web 1.0 lag der Fokus auf der einfachen Nutzung von veröffentlichten Inhalten. Die Generierung und Bereitstellung von Inhalten war nur relativ wenigen Internetnutzern vorbehalten. Ein Grund war unter anderem die hohen Kosten[1]. Das Web 2.0 lässt sich durch veränderte Technologien und Kosten als Kernpunkte charakterisieren. Daraus hat sich ein enorm gestiegener Anteil an Inhalten, die von Nutzern generiert wurden, ergeben. Während 1998 noch ungefähr 3,7 Millionen[2] Websites existierten, sind es 2008 schon ungefähr 165 Millionen[3]. In dieser Menge von Websites agieren Suchmaschinen. Ein Beispiel dafür ist Google. Mit einem Marktanteil von ca. 90%[4] ist Google die größte Suchmaschine Deutschlands. 1998 beantwortete Google weltweit noch 10.000[5] und 2007 schon 200 Millionen[6] Suchanfragen pro Tag. Nutzer versuchen ihre generierten Inhalte durch verschiedene Techniken der Suchmaschinen-Optimierung optimal zu positionieren. Suchmaschinen werden dabei oft durch so genannten Web Spam manipuliert. Insgesamt entstehen Vertrauens- und Qualitätsprobleme im Web. Aus diesen Betrachtungen ergeben sich neue Anforderungen an Suchmaschinen bezüglich der Bewertung von Webinhalten. Nutzer sollen zu einer Suchanfrage nur passende und zusätzlich vertrauensvolle Websites als Suchergebnis geliefert bekommen. Ziel dieser Arbeit ist die Darstellung des TrustRank-Algorithmus zur Identifikation von vertrauensvollen Websites.

Kapitel 2 behandelt zunächst die wesentlichen Grundlagen zum Verständnis der Thematik. Es wird der Zusammenhang zwischen Suchmaschine, Ranking, formalem Web Modell und Web Spam dargestellt. In Kapitel 3 folgt die Herleitung der Komponenten des TrustRank-Algorithmus. Die Ausführungen werden dabei zusätzlich an einem Beispiel verdeutlicht. Abschließend enthält Kapitel 4 eine Bewertung des TrustRank-Algorithmus.

---

[1] Kosten der Hardware, des Internetzugangs, der Bandbreite, des Webhostings.
[2] Vgl. [2].
[3] Ebenda.
[4] Vgl. [3].
[5] Vgl. [16].
[6] Vgl. [8].

## 2. Grundlagen

In diesem Kapitel werden theoretische Grundlagen zum besseren Verständnis des TrustRank-Algorithmus vermittelt. Dabei wird im ersten Abschnitt eine formale Beschreibung des Web als Modell eingeführt[7]. Im zweiten Abschnitt folgt die Darstellung grundlegender Eigenschaften von Suchmaschinen und deren Bedeutung für die Thematik. Der Page Rank, als spezielles Teilgebiet im Kontext von Suchmaschinen, wird in Abschnitt drei gesondert betrachtet. Die Problematik von Web Spam, als eigentlicher Hintergrund des TrustRank-Algorithmus, ist Thema von Abschnitt vier.

### 2.1 Das Web als Modell

Unter Web, als Kurzform für World Wide Web (WWW), versteht man einen Dienst im Rahmen des Internet. [8] Genauer handelt es sich um „(...) ein weltweit verteiltes, öffentliches und multimediales Informationssystem im Internet, auf das über hypermediabasierte Benutzeroberflächen zugegriffen werden kann."[9] Dokumente im Web sind einzelne Webseiten[10], als Teil einer Website[11]. Eine Website bezeichnet den gesamten Webauftritt als eine zusammengehörende Menge einzelner Webseiten und die damit verbundenen Dateien.[12]Grundlegendes Merkmal von Seiten „(...) ist die Möglichkeit zur Verknüpfung eines Dokuments über sogenannte Hyperlinks[13] mit anderen Dokumenten."[14] Fortfolgend wird die Bezeichnung „Seite" als Synonym für Webseite und die Bezeichnung „Link" als Synonym für Hyperlink verwendet. Das Web lässt sich vereinfacht als gerichteter Graph modellieren[15]. Eine Seite im Web wird durch einen Knoten im Graph repräsentiert. Ein Link ist als gerichtete Kante zwischen zwei Knoten darzustellen. Formal entsteht folgendes Modell des Webs:

**Formel 1**

$$G = (N, E)$$

---

[7] Vgl. [4].

[8] Vgl. [5], S. 235.

[9] Vgl. [6], S. 514.

[10] Auch als Seiten oder pages bezeichnet.

[11] Auch als site bezeichnet.

[12] Vgl. [1] und [11], S. 19.

[13] Auch als Verweise oder Links bezeichnet.

[14] Vgl. [7], S. 124.

[15] Vgl. [4] und [6], S. 446.

Die Menge der Knoten N und die Menge der gerichteten Kanten E bilden zusammen den Graph G. Zur Verdeutlichung ist in Abbildung 2-1 ein Beispiel aufgeführt.[16]

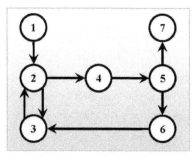

**Abbildung 2-1** Beispiel eines Webgraphen.[17]

Zu sehen sind sieben Seiten, die miteinander verknüpft sind. Es ergibt sich die Menge N der Knoten als $N^T = [1,2,3,4,5,6,7]$[18]. Die Menge E der gerichteten Kanten wird durch eine Matrix dargestellt. Es entsteht folgende binäre[19] quadratische[20] Matrix:

$$E = \begin{pmatrix} 0 & 1 & 0 & 0 & 0 & 0 & 0 \\ 0 & 0 & 1 & 1 & 0 & 0 & 0 \\ 0 & 1 & 0 & 0 & 0 & 0 & 0 \\ 0 & 0 & 0 & 0 & 1 & 0 & 0 \\ 0 & 0 & 0 & 0 & 0 & 1 & 1 \\ 0 & 0 & 1 & 0 & 0 & 0 & 0 \\ 0 & 0 & 0 & 0 & 0 & 0 & 0 \end{pmatrix}$$

Die Matrix E wurde durch folgende Eigenschaften vereinfacht:

- Seiten, die auf sich selbst verweisen werden ignoriert → Markierung mit 0
- Mehrere gleiche Verweise zwischen zwei Seiten werden als ein Verweis betrachtet → Markierung mit 1

Besteht ein gerichteter Link von einer Seite p zu einer Seite q, so wird die Position $e_{pq}$ mit 1 markiert, andernfalls mit 0. Die Anzahl der ausgehenden Links einer Seite p bilden den Ausgangsgrad[21] $\omega$ von p. Die Anzahl der eingehenden Links einer Seite p bilden den

---

[16] Vgl. [4].

[17] Ebenda.

[18] Transponierter Vektor als Umwandlung von Spaltenvektor in Zeilenvektor zur platzsparenden Darstellung.

[19] Matrix enthält nur die Werte 0 und 1.

[20] Die Anzahl der Zeilen entspricht der Anzahl der Spalten (Vgl. [9], S.14).

[21] Vgl. [9], S. 183.

Eingangsgrad [22] $\tau$ von p. Durch diese Angaben lässt sich die Aktivität einer Seite beurteilen. Ist $\omega(p) = 0$, so handelt es sich bei p um eine nicht-referenzierende Seite. Bei $\tau(p) = 0$ ist p eine nicht-referenzierte Seite. Gilt $\omega(p) = 0$ und $\tau(p) = 0$, so ist p isoliert [23]. Mit diesen Informationen lassen sich zwei weitere Matrix-Darstellungen des Web-Graphen aufstellen. Diese Darstellungen sind für die folgenden Ausführungen der Arbeit von zentraler Bedeutung. Man unterscheidet:

- Übergangsmatrix **T**
- Umgekehrte Übergangsmatrix **U**

Die Berechnung der Übergangsmatrix ist durch Formel 2 abgebildet.

**Formel 2**

$$T(p,q) = \begin{cases} 0 & , \text{wenn } (q,p) \notin E \\ \dfrac{1}{\omega(q)} & , \text{wenn } (q,p) \in E \end{cases}$$

Mit der Matrix **T** werden die eingehenden Links aller Seiten bewertet [24]. Eine Seite p erhält bei einem eingehenden Link von q den Matrixwert $1/\omega(q)$ an der Stelle $t_{pq}$. Für das Beispiel aus Abbildung 2-1 ergibt sich **T** als:

$$T = \begin{pmatrix} 0 & 0 & 0 & 0 & 0 & 0 & 0 \\ 1 & 0 & 1 & 0 & 0 & 0 & 0 \\ 0 & 0,5 & 0 & 0 & 0 & 1 & 0 \\ 0 & 0,5 & 0 & 0 & 0 & 0 & 0 \\ 0 & 0 & 0 & 1 & 0 & 0 & 0 \\ 0 & 0 & 0 & 0 & 0,5 & 0 & 0 \\ 0 & 0 & 0 & 0 & 0,5 & 0 & 0 \end{pmatrix}$$

Die Berechnung von beispielsweise $T(3,2)$ wird deutlich bei Betrachtung der Seiten zwei und drei. Seite drei erhält einen eingehenden Link von Seite zwei. Die Wahrscheinlichkeit über diesen Link zu Seite drei zu gelangen beträgt 50%, da Seite zwei daneben noch einen weiteren ausgehenden Link besitzt. Eine steigende Anzahl an ausgehenden Links der referenzierenden Seite verringert somit den Matrixwert.

Die umgekehrte Übergangsmatrix **U** wird formal durch Formel 3 berechnet:

---

[22] Vgl. [9], S.183.

[23] Steht mit keiner anderen Seite in Kontakt.

[24] Beziehungsweise gewichtet

**Formel 3**

$$U(p,q) = \begin{cases} 0 & , \text{ wenn } (p,q) \notin E \\ 1 & , \text{ wenn } (p,q) \in E \end{cases}$$

Mit der Matrix $U$ werden die ausgehenden Links aller Seiten bewertet. Eine Seite p erhält bei einem ausgehenden Link zu Seite q den Matrixwert $1/\tau(q)$ an der Stelle $t_{pq}$. Für das Beispiel aus Abbildung 2-1 ergibt sich $U$ als:

$$U = \begin{pmatrix} 0 & 0,5 & 0 & 0 & 0 & 0 & 0 \\ 0 & 0 & 0,5 & 1 & 0 & 0 & 0 \\ 0 & 0,5 & 0 & 0 & 0 & 0 & 0 \\ 0 & 0 & 0 & 0 & 1 & 0 & 0 \\ 0 & 0 & 0 & 0 & 0 & 1 & 1 \\ 0 & 0 & 0,5 & 0 & 0 & 0 & 0 \\ 0 & 0 & 0 & 0 & 0 & 0 & 0 \end{pmatrix}$$

Als Beispiel kann man die Berechnung $U(2,3)$ betrachten. Seite zwei hat einen ausgehenden Link zu Seite drei. Seite drei wird allerdings auch durch Seite sechs referenziert. Dadurch ist der Link von Seite zwei zu Seite drei nur einer von $\tau(3) = 2$ Links. Die ausgehenden Links einer Seite werden dadurch bewertet. Eine steigende Anzahl eingehender Links der referenzierten Seite verringert somit den Matrixwert.

Abschließend gelten folgende zwei Eigenschaften von $T$ und $U$:

- $U \neq T^T \rightarrow U$ ist nicht die Transponierte[25] zu $T$
- $U \neq T^{-1} \rightarrow U$ ist nicht die Inverse[26] von $T$

## 2.2 Suchmaschinen

Ein weiterer zentraler Punkt im Web ist die Implementierung einer Suchfunktion auf der entstehenden Informationsmenge. Suchmaschinen widmen sich dieser Aufgabe, indem sie Suchprozesse vollständig automatisieren. Der Zusammenhang zwischen Web, Suchmaschine und Nutzer ist in Abbildung 2-2 dargestellt.

---

[25] Vgl. [9], S. 15.

[26] Vgl. [10], S. 73.

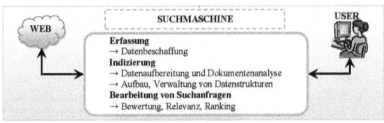

**Abbildung 2-2** Aufgaben einer Suchmaschine (Eigene Darstellung).

Webseiten werden in einem ersten Schritt aktiv erfasst und anschließend analysiert, aufbereitet sowie indexiert. Der dabei entstehender Index mehrerer Webseiten bezeichnet „(...) im Allgemeinen eine Abbildung von Elementen (*Tokens* oder *Terme*) dieser Dokumente (häufig von Wörtern oder Wortteilen eines Textes) auf eine Liste der Dokumente, in denen das jeweilige Token vorkommt."[27] Eine Suchmaschine steht in diesem Zusammenhang vor zwei zentralen Herausforderungen, die sich aus den Schnittstellen zur Außenwelt ergeben. Zum einen existieren Probleme bezüglich der Daten, die zwischen Web und Suchmaschine ausgetauscht werden, zum anderen existieren Probleme bezüglich der Kommunikation zwischen Suchmaschine und Nutzer.[28] Nach diesen Herausforderungen richtet sich der Aufbau von Suchmaschinen. Die Basisarchitektur einer Suchmaschine ist vereinfacht in Abbildung 2-3 dargestellt ist.

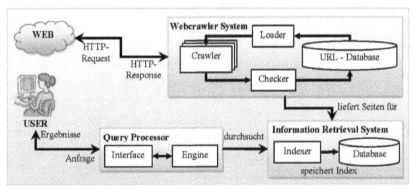

**Abbildung 2-3** Basisarchitektur einer Suchmaschine (Eigene Darstellung).[29]

---

[27] Vgl. [13], S. 41.

[28] Siehe [14], S. 369.

[29] In Anlehnung an [11], [12], [14].

### 2.2.1 Webcrawler-System (WCS)

Die Erfassung von Seiten wird durch das WCS durchgeführt. Das System durchsucht das Web anhand vorgegebener URLs der URL-Datenbank. Der Loader[30] nutzt die URL-Datenbank zur Ermittlung der zu besuchenden Seiten. Der Loader verteilt diese URLs an zur Verfügung[31] stehende Crawler[32]. Crawler rufen die Seiten durch HTTP-Requests ab. Die empfangenen HTTP-Responses werden direkt an den Checker[33] weitergeleitet. Diese Komponente übergibt einerseits neue URLs und Statusinformationen an die URL-Datenbank. Andererseits werden die Seiten verschiedenen Filtertechniken unterzogen, wobei die nicht ausgefilterten Seiten an das Information Retrieval System (IRS) weitergeleitet werden.

### 2.2.2 Information Retrieval System (IRS)

Das IRS hat die Datenaufbereitung, Dokumentenanalyse sowie die Speicherung der Daten in einer speziellen Datenstruktur zur Aufgabe.[34] Im Rahmen der Datenaufbereitung werden Seiten in ein einheitliches Datenformat konvertiert. Im Anschluss an diese Datennormalsierung folgt die Dokumentenanalyse, deren Ziel die Deskriptorengewinnung [35] ist. Das Ergebnis der Datenaufbereitung und Dokumentenanalyse ist die Menge der Deskriptoren zu einer Seite. Zur dauerhaften Speicherung der Ergebnisse ist eine spezielle Datenstruktur erforderlich, die zusätzlich den effizienten Zugriff auf Daten erlaubt. [36] Suchmaschinen verwenden in diesem Zusammenhang ein gewichtetes invertiertes Dateisystem. Dieses Dateisystem besteht aus einem Index an Deskriptoren, einer invertierten Datei zu jedem Deskriptor sowie den direkten Dateien bestehend aus datennormalisierten Originaltexten. Invertierte Dateien stellen die Verbindung von Index zu direkten Dateien her. Eine invertierte Datei zu einem Deskriptor verweist auf alle direkten Dateien, die den Deskriptor enthalten. Gleichzeitig geben verschiedene Parameter[37] die seitentenbezogene Bewertung des Deskriptors an. Sie

---

[30] Auch als Scheduler bezeichnet.

[31] Auswertung der Auslastung einzelner Crawler.

[32] Auch als Robot, Spider oder Wanderer bezeichnet.

[33] Auch: Storeserver (Vgl. [11], S. 76).

[34] Vgl. [12], S. 39 ff.

[35] Schlüsselwörter, durch die sicher das Thema eines Dokumentes geeignet repräsentieren lässt.

[36] Grund: aufwendiger Prozess kann nicht für jede Suchanfrage ausgeführt werden.

[37] Beziehungsweise Gewichte.

werden durch die Anwendung bestimmter Gewichtsmodelle[38] ermittelt. Durch geeignete Verfahren bieten invertierte Dateien einen schnellen Zugriff auf Seiten zu einem bestimmten Deskriptor.[39] Alle eingesetzten Verfahren innerhalb des IRS fasst man unter dem Begriff Indexierung zusammen.[40]

### 2.2.3 Query-Processor (QP)

Der QP interagiert mit dem Nutzer einer Suchmaschine sowie dem IRS. Diese Komponente ermöglicht die Verarbeitung von Suchanfragen und die Ermittlung darauf basierender Suchergebnisse. Es lassen sich vier Aufgaben des Query-Processor identifizieren:

- Analyse der Suchanfrage
- Ermittlung der Ergebnismenge (durch Boolesches Retrieval)
- Sortierung der Ergebnisse durch Verwendung der Paramater aus dem IRS (Ranking)
- Aufbereitung der Ausgabe für den Nutzer

Die Suchanfrage wird in einem ersten Schritt analysiert und geeignet verarbeitet. Anschließend ermittelt der Query-Processor die Seiten aus dem Datenbestand der Suchmaschine, die der Suchanfrage bis zu einem bestimmten Grad entsprechen. Aus den ausgewählten Suchergebnissen wird in einem weiteren Schritt anhand unterschiedlicher Parameter[41] eine Rangordnung gebildet. Diese Sortierung fasst man unter dem Begriff Ranking zusammen. Der letzte Schritt ist die Aufbereitung der Ergebnisse für den Nutzer. Für die Durchführung dieser Aufgaben wird die Query-Engine verwendet. Für die Kommunikation mit dem Nutzer steht ein spezielles Interface[42] zur Verfügung.[43]

### 2.3 Page Rank

Bei Ermittlung der Ergebnismenge zu einer Suchanfrage wird unter anderem das Boolesche Retrieval eingesetzt. Dieses Verfahren liefert allerdings eine zu große Treffermenge an Seiten bzw. an Verweisen auf Seiten. Diese Treffermenge muss für den Nutzer auf einen überschaubaren Umfang reduziert werden. Ziel ist die Sortierung der

---

[38] Auch als Indexierungsmodelle bezeichnet.

[39] Vgl. [12], S. 39-66 und [11], S. 105.

[40] Vgl. [12], S. 7.

[41] Gewichte aus dem IRS.

[42] Schnittstelle.

[43] Vgl. [12], S. 95-97.

Suchergebnisse nach Relevanz [44] bezüglich der Suchanfrage. Zur Bildung einer Rangordnung verwendet der Query-Processor die Parameter, die durch Gewichtungsmodelle im IRS berechnet wurden. Als spezielles Gewichtungsmodell soll im Folgenden der Page Rank (PR) Algorithmus betrachtet werden, durch den Webseiten unabhängig von einer konkreten Suchanfrage bewertet werden. Es handelt sich dabei um ein Hypermedia-basiertes [45] Verfahren. Dieses Verfahren wurde erstmals mit der Entwicklung von Google eingeführt. Danach erhalten Seiten eine hohe Relevanzbewertung, wenn auf sie oft verwiesen wird. Der PR berücksichtigt dabei die Anzahl und Qualität [46] der eingehenden Links einer Seite. Die eigentlichen Inhalte der Seiten bleiben unberücksichtigt. Der PR drückt „(…) die bestimmte Wahrscheinlichkeit aus, mit der ein Surfer eine Webseite besucht."[47] Der Surfer[48] bewegt sich somit zufällig über beliebige Links von Seite zu Seite, ohne auf den Inhalt der Seiten zu achten.[49] Die PR Berechnung veranschaulicht Formel 4.

**Formel 4**

$$r = v \cdot (1 - d) + d \cdot T \cdot r \text{ , mit } r_0 = 0_N$$

Kernkomponente der Formel ist die Übergangsmatrix T, in der die eingehenden Links aller Seiten bewertet sind. Multipliziert wird diese Matrix mit dem Vektor r. Dieser Vektor enthält die PR Werte aller Seiten und wird vor Beginn der Berechnung mit $r_0 = 0_N$ initialisiert.[50] Durch diese Multiplikation findet eine Verteilung von PR-Werten unter den Seiten statt. Alternativ lässt dich diese Operation durch Formel 5 vereinfacht darstellen.

**Formel 5**

$$T \cdot r \triangleq \sum_{q:(q,p) \in E} \frac{PR(q)}{\omega(q)} \quad \forall p \in N$$

Der PR einer Seite p ergibt sich durch die gewichteten PR-Werte der Seiten q, die auf p verweisen. Eine Gewichtung wird dabei anhand der Gesamtanzahl der ausgehenden Links

---

[44] Ähnlichkeitsgrad der gefundenen Dokumente zur Suchanfrage (Vgl. [12], S. 70).

[45] Modelle richten sich nach der Struktur von Webseiten.

[46] Ein eingehender Link hat eine hohe Qualität, wenn er von einer Seite mit hohem PR stammt.

[47] Vgl. [11], S. 127.

[48] Nutzer im Web.

[49] Surfer wird als „Random-Surfer" bezeichnet.

[50] In der Literatur findet man auch $r_0 = 1_N$.

vorgenommen. Allerdings verhindert der Dämpfungsfaktor d, dass die Ergebnisse der Berechnung in voller Höhe in die neuen PR Werte aufgenommen werden. Diese Variable kann einen beliebigen[51] Wert aus dem Intervall [0,1] einnehmen. Die Multiplikation der Übergangsmatrix T mit dem Vektor r und dem Dämpfungsfaktor d bildet den dynamischen Teil des PR Algorithmus. Zusätzlich fließt die statische Komponente v·(1-d) in den PR ein.[52] Der Vektor v dient dabei der Verteilung von zusätzlichen Werten für ausgewählte Seiten.[53] Die Summe aller Werte des Vektors v ergibt eins. Die PR Berechnung erfolgt iterativ und kann allerdings auch ohne den Vektor v durchgeführt werden. Die Belegung von v und $r_0$ bestimmt die PR Berechnung maßgeblich. Die Anzahl der Iterationen des Algorithmus ist in der Praxis auf einen Wert M begrenzt. Die Wahl von d bestimmt das Konvergenzverhalten der PR Berechnung.

Unter Anwendung des PR Algorithmus auf das Beispiel aus Abbildung 2-1 erhält man mit M=50 Iterationen, einem Dämpfungsfaktor von d=0,85 sowie $r_0=0_N$ die Ergebnisse aus Tabelle 2-1. Der Vektor v wurde aus der Berechnung entfernt, um den Page Rank in seiner Urform darzustellen.

| Iteration | Seite 1 | Seite 2 | Seite 3 | Seite 4 | Seite 5 | Seite 6 | Seite 7 |
|---|---|---|---|---|---|---|---|
| 0 | 0 | 0 | 0 | 0 | 0 | 0 | 0 |
| 1 | 0,15 | 0,15 | 0,15 | 0,15 | 0,15 | 0,15 | 0,15 |
| ... | | | | | | | |
| 50 | 0,15 | 1,1340 ≈1,13 | 1,0077 ≈1,01 | 0,6319 ≈0,63 | 0,6871 ≈0,69 | 0,4420 ≈0,44 | 0,4420 ≈0,44 |

**Tabelle 2-1** Page Rank Berechnung für das Beispiel aus Abbildung 2-1.

Die Werte aus der letzten Iteration zeigen die PR Werte der einzelnen Seiten. Gegen diese Werte konvergiert das Iterationsverfahren. Aus der Abbildung 2-1 ist ersichtlich, dass die Seiten zwei und drei die meisten eingehenden Links besitzen. Dieser Umstand spiegelt sich auch in den PR Werten dieser Seiten wider. Gleichzeitig geben sie ihren jeweiligen PR anteilig an die Seiten weiter, auf die sie verweisen. Seite eins erhält dagegen nur den statischen Anteil aus der PR Berechnung. Begründet wird dies durch fehlende eingehende Links anderer Seiten. Im Vergleich dazu enthält Seite sieben keine ausgehenden Links und profitiert dennoch anteilig an dem PR von Seite fünf.

---

[51] In der Literatur und bei Google wird 0,85 verwendet (Vgl. [11], S. 129).
[52] Für neue Seiten, die noch keine eigehenden Links verzeichnen können.
[53] Der Vektor v ist kein zwingender Bestandteil des PR.

Es ergibt sich folgendes Ranking der Seiten nach absteigenden PR Werten:

$$Ranking_{PageRank} = [2 \quad 3 \quad 5 \quad 4 \quad 6 \quad 7 \quad 1]$$

## 2.4 Web Spam

Die Rangposition bzw. Platzierung von Websites innerhalb der Suchergebnisse wird als Maß für die Präsenz im Web herangezogen.[54] Daraus ergibt sich, dass Suchmaschinen auch eine „(...) hochinteressante online Marketingplattform (...)"[55] sind. Die Platzierung von Websites lässt sich durch verschiedene Optimierungsmethoden beeinflussen, die man unter dem Begriff „Suchmaschinenoptimierung"[56] zusammenfasst. In diesem Zusammenhang werden On-the-Page[57] und Off-the-Page[58] Methoden unterschieden. Bis zu einem gewissen Grad ist der Einsatz dieser Methoden als legitim anzusehen. Davon zu unterscheiden ist Web-Spam[59]. Unter Spam versteht man „(...) alle Maßnahmen eines Content-Anbieters, die nur deshalb eingesetzt werden, um die Gewichtung eines Dokuments zu erhöhen."[60] Das Ziel ist somit die Verbesserung der Rangposition. Allerdings ist die Grenze zwischen legitimer Optimierung und Spamming sehr unscharf. Bezüglich Spam existieren verschiedene Verfahren mit unterschiedlichen Ansatzpunkten. Ein Beispiel sind Link Farms. Es handelt sich dabei um „(...) nichts anderes als Websites die unzählige Verweise auf andere Dokumente richten und ihrerseits wieder Verweise von den betreffenden Seiten erhalten."[61] Weiterhin sind die Websites inhaltslos und es wird versucht eingehende Links von Seiten mit hohem PR zu erhalten. Ziel ist die Verteilung der hohen PR Werte dieser Seiten auf die Link Farm. Ausgerichtet ist diese Methode auf die PR Manipulation. Die Identifikation von Link Farms stellt technisch keine großen Probleme dar. Auf die dazu eingesetzten Verfahren reagierten Content-Anbieter im Web

---

[54] Fokussiert werden die vorderen Plätze.
[55] Vgl. [15].
[56] Auch als Web-Positioning bezeichnet.
[57] Optimierungsprozess innerhalb einzelner Webseiten (seitenbezogen).
[58] Optimierung bestimmter Umgebungsbedingungen einer Website (seitenübergreifend).
[59] Auch kurz als Spam bezeichnet.
[60] Vgl. [12], S. 187.
[61] Ebenda, S. 204.

allerdings mit einer Einschränkung der Platzierung von ausgehenden Links. Dahinter standen Bedenken, dass die Websites sonst auch als Link Farms gewertet werden.[62]

Allgemein können Menschen Spam ohne große Probleme identifizieren. Für Computer hingegen ist die Identifikation von Spam jedoch ein Problem. Insgesamt verändern die Betreiber von Suchmaschinen zur Prävention gegen Spam ihre Crawl-Regeln und Ranking-Verfahren. Gleichzeitig werden Mitarbeiter zur Identifikation von Spam beschäftigt. Dadurch wird der Suchprozess allerdings sehr teuer und verläuft äußerst langsam. Die Rechtfertigung dafür liegt begründet in der Qualität der Suchergebnisse, die den Erfolgsfaktor einer Suchmaschine bilden.[63]

---

[62] Ebenda, S. 187 und [11], S. 289.

[63] Vgl. [4].

# 3. Trust Rank

Der hier vorgestellte Trust Rank Algorithmus soll als Unterstützung des Menschen bei der Identifikation von Spam zur Anwendung kommen. Er kann einmal als Assistent zur Identifikation von Seiten dienen, die einer tieferen Prüfung durch Experten unterzogen werden sollten. Zum anderen kann er beim Ranking zur Korrektur der Rangposition von Spam Seiten eingesetzt werden. Insgesamt wird versucht gute[64] von schlechten[65] Seiten zu unterscheiden.[66]

Die folgenden Ausführungen richten sich nach dem Artikel „Combating Web Spam with TrustRank"[67]. Die Inhalte der ersten drei Abschnitte konkretisieren die Grundlagen des Trust Rank Algorithmus, welcher im vierten Abschnitt behandelt wird. Der Webgraph aus Abbildung 2-1 wird abgeändert zur Verdeutlichung der theoretischen Aspekte verwendet. Das veränderte Beispiel ist in Abbildung 3-1 dargestellt.

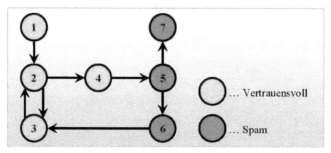

**Abbildung 3-1** Beispiel für einen bewerteten Webgraph.[68]

Die Seiten eins bis vier sind vertrauensvolle Seiten, wohingegen die Seiten fünf bis sieben Spam darstellen. Es handelt sich somit um einen bewerteten Webgraph.

## 3.1 Bewertung von Vertrauen

In diesem Abschnitt werden zwei Ansätze aufgegriffen, nach denen sich das Vertrauen von Webseiten beurteilen lässt.

---

[64] Vertrauensvolle Seiten hoher Qualität.

[65] Spam.

[66] Vgl. [4].

[67] Ebenda.

[68] Ebenda.

### 3.1.1 Orakel

Seiten können einer Prüfung durch einen Experten unterzogen werden. Dieser beurteilt, ob eine Seite als vertrauensvoll oder als Spam einzustufen ist. Er kann somit als eine Art Orakel mit zwei möglichen Zuständen zur Bewertung einer Seite angesehen werden. Formel 6 zeigt die Notation einer Funktion zu diesem Sachverhalt:

**Formel 6**

$$O(p) = \begin{cases} 0 & \text{, wenn p Spam ist} \\ 1 & \text{, wenn p vertrauensvoll ist} \end{cases}$$

Die Funktion wird als binäre Orakel-Funktion (BOF) bezeichnet. Bewertet der Experte eine Seite p als vertrauensvoll, erhält die Funktion O den Funktionswert $O(p)=1$. Im Falle von Spam ist der Funktionswert $O(p)=0$. Unter der Prämisse einer Unmenge an Seiten im Web ist der alleinige Einsatz der BOF zu teuer und zeitaufwendig. Die Funktion sollte nur für eine bestimmte Anzahl von Seiten eingesetzt werden. An ihr wird der Konflikt zwischen Qualität der Suchergebnisse und Kosten zur Erreichung dieser Qualität deutlich.[69]

Angewendet auf den Webgraph aus Abbildung 3-1 ergibt sich folgendes Ergebnis durch die Auswertung der BOF:

$$o^T = \begin{bmatrix} 1 & 1 & 1 & 1 & 0 & 0 & 0 \end{bmatrix}$$

Die Seiten 1 bis 4 werden korrekt als vertrauensvoll und die Seiten 5 bis 7 als Spam identifiziert.

### 3.1.2 Trust-Funktion

Weiterhin kann man eine Trust Funktion definieren. In deren Mittelpunkt steht die Beurteilung von Seiten, ohne dass die BOF aufgerufen wird. Mit Hilfe der Trust Funktion wird die Wahrscheinlichkeit berechnet, dass eine Seite als vertrauensvoll anzusehen ist. Formal ist die Trust Funktion wie folgt definiert, wobei „Pr" für „probability" steht:

**Formel 7**

$$T(p) = Pr[O(p) = 1]$$

---

[69] Vgl. [4].

Das Ergebnis dieser Funktion liegt in dem Intervall [0,1]. Idealerweise sollten die Funktionswerte so nah wie möglich an den Ergebnissen der BOF liegen. In der Praxis wird eine Trust Funktion T mit der idealen Eigenschaft $T(p) \hat{=} O(p)$ für alle existierenden Seiten p im Web kaum zu implementieren sein.

Es kann allerdings eine Trust Funktion mit Schwellenwert $\delta$ eingeführt werden. Dieser Schwellenwert stellt eine Variable Größe dar, welche die geforderte ideale Eigenschaft wie folgt abschwächt:

**Formel 8**

$$T(p) > \delta \Leftrightarrow O(p) = 1$$
$$T(p) < \delta \Leftrightarrow O(p) = 0$$

Wenn der Trust-Wert einer Seite p über dem definierten Schwellenwert liegt, dann ist die Seite als vertrauensvoll anzusehen. Wird der Schwellenwert nicht erreicht, so handelt es sich um Spam. Entspricht der Trust-Wert dem Schwellenwert, kann keine Aussage über die Seite getroffen werden. In diesem Fall muss die BOF eingesetzt werden. [70]

Allerdings ist die Wahl eines Wertes für $\delta$ kritisch. Wird $\delta$ zu klein gewählt, steigt die Wahrscheinlichkeit der Fehlinterpretation. Es ist wahrscheinlich, dass Spam-Seiten als vertrauensvoll angesehen werden. Insgesamt nähert man sich mit einem steigenden Wert für $\delta$ der idealen Trust-Eigenschaft.

## 3.2 Auswahl geeigneter Ausgangsseiten

Die Basis des TrustRank Algorithmus ist die Suche vertrauensvoller Ausgangsseiten[71], durch die sich viele weitere vertrauensvolle Seiten finden lassen. Vertrauen lässt sich dabei am besten durch Experten bzw. durch Auswertung der BOF beurteilen. Da die Funktion allerdings so wenig[72] wie möglich verwendet werden sollte, benötigt man eine geeignete Vorauswahl von Seiten. Für die Ergebnisseiten dieser Vorauswahl wird anschließend die BOF ausgewertet. Ein Verfahren zur Vorauswahl stellt die Zufallsauswahl dar. Allerdings ist dieses Verfahren nicht geeignet, da die Qualität der Ergebnisse vollkommen unbestimmt ist. Eine weitere Variante ist der umgekehrte Page Rank. Ausgangspunkt dafür

---

[70] Vgl. [4].

[71] Auch als good seed bezeichnet (Vgl. [4]).

[72] Siehe Abschnitt 3.1.1.

ist die PR Berechnung aus Formel 4. Die Formalisierung des umgekehrten Page Rank sieht wie folgt aus:

**Formel 9**

$$s = v \cdot (1-d) + d \cdot U \cdot s, \text{ mit } v = \frac{1}{N} \cdot 1_N \text{ und } s_0 = 1_N$$

Die Berechnung wird auch an dieser Stelle für eine bestimmte Anzahl von Iterationen durchgeführt.[73] Am Ende enthält der Vektor s die Gewichtungen aller Seiten nach ihrer Güte als Ausgangsseite. Bei der Berechnung wurde die umgekehrte Übergangsmatrix U verwendet. Der Hintergrund dafür ist, dass Vertrauen über ausgehende Links an andere Seiten übertragen wird. Seiten mit vielen ausgehenden Links werden deshalb höher bewertet. Es lässt sich anschließend die BOF auf eine bestimmte Anzahl von Seiten des Vektors s ausführen. Dafür werden Seiten verwendet, die eine besonders hohe Gewichtung erhalten haben. Für das Beispiel aus Abbildung 3-1 ergibt sich der Vektor s als:

$$s^T = [0,08 \quad 0,14 \quad 0,08 \quad 0,10 \quad 0,09 \quad 0,06 \quad 0,02]^{[74]}$$

Die Berechnung erfolgte dabei mit M=20 Iterationen sowie einem Dämpfungsfaktor von d=0,85. Hat man das Kontingent einer zweifachen Ausführung der BOF für die Vorauswahl, so sind die Seiten zwei und vier am besten dafür geeignet.[75]

Ein weiteres Verfahren zur Vorauswal von Seiten ist die Auswahl von Seiten nach ihrem PR Wert. Da PR die Relevanz von Seiten angibt, sind Seiten mit hohen PR-Werten sehr relevant. Auf eine bestimmte Anzahl von Seiten lässt sich im Anschluss die BOF auswerten. Hat man zum Beispiel auch hier die Kapazität für zwei Aufrufe der BOF, so werden nach Tabelle 2-1 die Seiten zwei und drei des Beispiels aus Abbildung 3-1 gewählt. Bis auf die Zufallsauswahl handelt es sich bei den zwei anderen Verfahren allerdings nur um Heuristiken.

## 3.3 Berechnung von Vertrauen

Im Anschluss an die Auswahl geeigneter Ausgangsseiten folgt die Berechnung von Vertrauen. Ausgangspunkt dafür ist das gesamte Web und ein gegebenes Kontingent L an realisierbaren Aufrufen der BOF. Aus diesen beiden Gegebenheiten lässt sich eine naive

---

[73] In Anlehnung an die Berechnung des Page Rank mit M Iterationen.

[74] Im Gegensatz zu [4] ergibt sich nach eigener Berechnung für Seite 2 ein Wert von 0,14.

[75] Vgl. [4].

Trust Funktion aufstellen. Durch ein geeignetes Verfahren wird zunächst eine Menge S von bedeutsamen Ausgangsseiten ausgewählt, für die sich die Auswertung der BOF als lohnenswert darstellt.[76] Eine naive Trust Funktion operiert nun derart, dass alle Seiten aus S durch die BOF bewertet werden. Die restlichen Seiten außerhalb von S werden mit einem Trust-Wert in Höhe des Schwellenwertes bewertet, da ihre Güte nicht eingeschätzt werden kann.[77] Die Durchführung dieser reinen Expertenbewertung ist allerdings als kritisch anzusehen. Jedoch kann diese naive Trust Funktion durch eine zusätzliche Annahme leicht erweitert werden. Im Web geht man grundsätzlich davon aus, dass vertrauensvolle Seiten ausschließlich Verweise auf andere vertrauensvolle Seiten enthalten. Aus diesem Grund kann man auch Seiten als vertrauensvoll bewerten ohne Aufruf der BOF. Wurde also eine Seite durch die BOF als vertrauensvoll eingestuft, so werden alle Seiten als vertrauensvoll bewertet, die man in einer bestimmten Anzahl von Schritten davon erreichen kann. Das Problem an dieser Stelle ist, dass die zu Grunde liegende Annahme in der Praxis oft nicht hält. Betreiber von Spam versuchen eingehende Links von vertrauensvollen Seiten zu erhalten.[78] Ein Beispiel dafür ist der Link in Abbildung 3-1 von Seite vier zu Seite fünf. Aus diesem Grund ist eine Dämpfung der Weitergabe von Vertrauen erforderlich. Dies erfolgt einmal über den Einbezug der Entfernung einer Seite von einer vertrauensvollen Seite. Je weiter eine Seite von einer vertrauensvollen Seite entfernt ist, desto geringer ist das übergebene Vertrauen. Erreicht wird dies durch die Reduzierung des Vertrauens an jedem Zwischenkonten. Neben dieser Dämpfung über die Entfernung findet eine Verteilung von Vertrauen über die Anzahl von Links statt. Je mehr ausgehende Links eine vertrauensvolle Seite hat, desto weniger Gewicht erhält jeder Link. Das Vertrauen dieser Seite wird mit der Anzahl der Links gewichtet und somit verstreut über alle ausgehenden Links verbreitet.

---

[76] Mächtigkeit von S entspricht der Größe L.

[77] Größe entspricht dem Schwellenwert, da Seite weder vertrauensvoll noch Spam.

[78] Zum Beispiel durch Täuschung.

## 3.4 Der TrustRank Algorithmus

Aus den bisherigen Erläuterungen lässt sich der konkrete TrustRank Algorithmus angeben. Der Algorithmus besteht aus fünf Schritten und ist in Abbildung 3-2 dargestellt.

```
function TrustRank

input

      T  ... Übergangsmatrix
      N  ... Anzahl der Webseiten
      L  ... Anzahl der möglichen Expertenbewertungen
      d  ... Dämpfungsfaktor
      M  ... Anzahl der Iterationen

output

      t*  ... Trust-Werte aller Seiten

begin

  (1)  s = Vorauswahl(...)
  (2)  σ = Sortiere({1,...,N},s)
  (3)  v = 0_N
       for i = 1 to L do
           if O(σ(i)) == 1 then
               v(σ(i)) = 1
  (4)  v = v/|v|
  (5)  t* = v
       for i = 1 to M do
           t* = d·T·t* + (1-d)·v
       return t*

end
```

**Abbildung 3-2** TrustRank-Algorithmus.[79]

In einem ersten Schritt wird die Vorauswahl durchgeführt. Dazu werden alle Seiten nach ihrer Eignung als Ausgangsseiten bewertet.[80] Als Ergebnis enthält der Vektor s die Seitenbewertungen. Nach den absteigenden s-Werten werden in Schritt zwei alle Seiten sortiert und in Vektor σ festgehalten. Nun steht fest, welche Seiten sich für die Prüfung durch einen Experten eignen. Die Anzahl der Experteneinsätze ist allerdings auf L begrenzt. Die Expertenbewertungen werden daher für die am besten geeigneten Seiten

---

[79] In Anlehnung an [4].

[80] Verfahren siehe 3.2.

durchgeführt.[81] Der Vektor v nimmt die Resultate dieser Bewertungen entgegen. Nach der Initialisierung enthält v für jede Seite zunächst den Wert null. Bewertet ein Experte eine Seite aus der Vorauswahl als vertrauensvoll, so erhält die entsprechende Seite in v den Wert eins. Im Anschluss daran wird in Schritt vier der Vektor v normalisiert.[82] Schritt fünf beinhaltet letztendlich die iterative Berechnung der Trust-Werte. Der Vektor t" wird zunächst mit den Werten aus v initialisiert. Anschließend beginnt die Berechnung der Trust-Werte in M Iterationen. Die Dämpfung der Weitergabe von Vertrauen wird durch den Dämpfungsfaktor d realisiert. Die Verteilung von Vertrauen findet über die Multiplikation der Übergangsmatrix T und dem Vektor der Trust-Werte t" statt. Über die eingehenden Links erhalten Seiten einen Anteil an dem Vertrauen der auf sie referenzierenden Seiten. Weiterhin fließt in jeder Iteration eine statische Komponente in die Berechnung ein. Durch (1-d) · v erhalten jene Seiten einen zusätzlichen Wert, die durch Expertenbewertung in Schritt drei als vertrauensvoll bewertet wurden. Verdeutlicht werden kann diese Berechnung am Beispiel aus Abbildung 3-1. Für die einzelnen Schritte lassen sich ein Dämpfungsfaktor von d=0,85, eine Anzahl von M=50 Iterationen sowie einer auf L=3 Aufrufe begrenzten Anzahl von Expertenbewertungen verwenden.

$$(1) \quad s^T = [0,08 \quad 0,14 \quad 0,08 \quad 0,10 \quad 0,09 \quad 0,06 \quad 0,02]$$

In Schritt 1 kann das Ergebnis aus 3.2 verwendet werden. Zur Berechnung der Vorauswahl wurde dabei der umgekehrte Page Rank verwendet. Die Werte verdeutlichen die Eignung der einzelnen Seiten als Ausgangsseiten. Der zweite Schritt nimmt anschließend die Sortierung der Seiten nach absteigenden s-Werten vor. Es ergibt sich daraus der Vektor σ als:

$$(2) \quad \sigma^T = [2 \quad 4 \quad 5 \quad 1 \quad 3 \quad 6 \quad 7]$$

Auf σ werden in Schritt drei die verfügbaren Expertenbewertungen ausgeführt. Mit L=3 unterzieht man die Seiten {2, 4, 5} einer derartigen Bewertung. Die Ergebnisse werden in dem Verteilungsvektor v festgehalten, der zuvor initialisiert wurde. Die Expertenbewertung ergibt:

$$O(2) = 1 \; ; O(4) = 1 \; ; O(5) = 0$$

---

[81] Auf die ersten L Seiten aus σ.

[82] Die akkumulierten Werte ergeben 1.

Die Ergebnisse werden in den Verteilungsvektor übernommen. Dieser ergibt sich als:

$$(3) \ \mathbf{v}^T = [0 \ \ 1 \ \ 0 \ \ 1 \ \ 0 \ \ 0 \ \ 0]$$

Nach der Normalisierung von v in Schritt vier erhält man:

$$(4) \ \mathbf{v}^T = \left[ 0 \ \ \frac{1}{2} \ \ 0 \ \ \frac{1}{2} \ \ 0 \ \ 0 \ \ 0 \right]$$

Dieser Vektor beeinflusst einerseits die statische Komponente der TR Berechnung, andererseits wird dadurch der Vektor t* initialisiert. Die iterative Berechnung in Schritt fünf kann damit beginnen. Die Berechnung innerhalb der ersten Iteration sieht wie folgt aus:

$$\mathbf{t}^* = 0,85 \cdot \begin{pmatrix} 0 & 0 & 0 & 0 & 0 & 0 & 0 \\ 1 & 0 & 1 & 0 & 0 & 0 & 0 \\ 0 & 0,5 & 0 & 0 & 0 & 1 & 0 \\ 0 & 0,5 & 0 & 0 & 0 & 0 & 0 \\ 0 & 0 & 0 & 1 & 0 & 0 & 0 \\ 0 & 0 & 0 & 0 & 0,5 & 0 & 0 \\ 0 & 0 & 0 & 0 & 0,5 & 0 & 0 \end{pmatrix} \cdot \begin{pmatrix} 0 \\ 0,5 \\ 0 \\ 0,5 \\ 0 \\ 0 \\ 0 \end{pmatrix} + (1-0,85) \cdot \begin{pmatrix} 0 \\ 0,5 \\ 0 \\ 0,5 \\ 0 \\ 0 \\ 0 \end{pmatrix}$$

Dämpfung     Dynamische Verteilung          Statische Verteilung

Nach M=50 Iterationen und d=0,85 erhält man für t* die Ergebnisse aus Tabelle 3-1.

| Iteration | Seite 1 | Seite 2 | Seite 3 | Seite 4 | Seite 5 | Seite 6 | Seite 7 |
|---|---|---|---|---|---|---|---|
| 0 | 0 | 0,5 | 0 | 0,5 | 0 | 0 | 0 |
| 1 | 0 | 0,0750 | 0,2125 | 0,2875 | 0,4250 | 0 | 0 |
| ... | | | | | | | |
| 50 | 0 | 0,1791 ≈0,18 | 0,1225 ≈0,12 | 0,1511 ≈0,15 | 0,1284 ≈0,13 | 0,0546 ≈0,05 | 0,0546 ≈0,05 |

**Tabelle 3-1** Trust Rank Berechnung für das Beispiel aus Abbildung 3-1.

Die Ergebnisse der Berechnung werden abschließend herangezogen, um die Seiten aus Abbildung 3-1 in eine Rangordnung zu bringen. Die Ordnung der Seiten erfolgt dabei in absteigender Reihenfolge der Trust-Werte aus Tabelle 3-1 und es ergibt sich daraus:

$$Ranking_{TrustRank} = [2 \ \ 4 \ \ 5 \ \ 3 \ \ 6 \ \ 7 \ \ 1]$$

## 4.  Fazit

Zum Schluss bleibt die Frage nach dem Nutzen des TR Algorithmus. Dazu ist ein Vergleich von TR und PR notwendig. Die Ergebnisse beider Verfahren für das Beispiel aus Abbildung 3-1 ergeben folgendes Ranking der sieben Seiten:

$$\text{Ranking}_{\text{PageRank}} = [2 \ 3 \ 5 \ 4 \ 6 \ 7 \ 1]$$
$$\text{Ranking}_{\text{TrustRank}} = [2 \ 4 \ 5 \ 3 \ 6 \ 7 \ 1]$$

Zu unterscheiden sind beide Ergebnisse lediglich durch die Rangposition der Seiten drei und vier. Der hohe PR von Seite drei entsteht durch die Anzahl der eingehenden Links. Beim TR erhält Seite vier eine bessere Bewertung durch die positive Expertenbewertung und die zusätzliche Verteilung von Vertrauen der anderen Seiten. Seite eins steht in beiden Ergebnissen auf der letzten Rangposition. Der TR hat hier keinen Vorteil gebracht. Der Grund für beide Ergebnisse sind die fehlenden eingehenden Links. Die Spam-Seite fünf steht in beiden Ergebnissen an der gleichen Position. An dieser Stelle wäre ein anderes Ergebnis des TR Algorithmus wünschenswert gewesen.

Dieser Vergleich von PR und TR ist allerdings zu unscharf. Für eine genaue Bewertung der Verfahren werden Gütemaße[83] verwendet. Es handelt sich dabei um Kenngrößen zur Quantifizierung der Qualität von Verfahren. Die Ordnungsgüte, die Präzision sowie der Abdeckungsgrad sind drei zentrale Gütemaße. Mit Hilfe der Ordnungsgüte kann man den PR und TR miteinander vergleichen. Dazu ermittelt man die Rangordnung der Seiten nach vollständiger Expertenbewertung. Anschließend vergleicht man diese mit der Rangordnung nach PR und TR. Je näher ein Verfahren an den Ergebnissen der Expertenbewertung liegt, desto höher ist die Ordnungsgüte. Die Präzision und der Abdeckungsgrad sind Kenngrößen zur direkten Bewertung des TR Algorithmus. Präzision kann verbal als folgendes Verhältnis dargestellt werden:

$$\text{precision}_{\text{TrustRank}} = \frac{\text{Anzahl der korrekt als vertrauensvoll bewerteten Seiten}}{\text{Anzahl der insgesamt als vertrauensvoll bewerteten Seiten}}$$

Der TR bewertet eine bestimmte Anzahl von Seiten als vertrauensvoll. Davon wird die Anzahl der Seiten ermittelt, die auch durch Expertenbewertung als vertrauensvoll bewertet wurden. Wünschenswert ist eine Präzision von eins. In diesem Fall sind alle als

---

[83] Bzw. Metriken.

- 22 -

vertrauensvoll ermittelten Seiten auch tatsächlich vertrauensvoll. Der Abdeckungsgrad kann verbal wie folgt angegeben werden:

$$recall_{TrustRank} = \frac{Anzahl\ der\ korrekt\ als\ vertrauensvoll\ bewerteten\ Seiten}{Gesamtanzahl\ der\ real\ vertrauensvollen\ Seiten}$$

Aus der Menge der tatsächlich existierenden vertrauensvollen Seiten wird der Anteil ermittelt, den der TR auch als solche erkannt hat. An dieser Stelle bedeutet ein Wert von eins, dass der TR alle vertrauensvollen Seiten ermittelt hat. Allerdings ist hier zu beachten, dass man zur Berechnung der Gütemaße auf den Einsatz von Experten angewiesen ist. Aus diesem Grund werden die Gütemaße nur für eine bestimmte Stichprobe ermittelt. Die Ergebnisse können damit aufgrund unterschiedlicher Stichproben variieren.

Auch die Ergebnisse des TR Algorithmus sind variabel. Der Algorithmus ist von der Anzahl der Expertenbewertungen abhängig. Stehen zum Beispiel sieben Expertenbewertungen zur Verfügung, so ergibt sich für den Graph aus Abbildung 3-1 folgendes Ranking als Ergebnis:

$$Ranking_{TrustRank\_Ideal} = [2\ \ 3\ \ 4\ \ 5\ \ 1\ \ 6\ \ 7]$$

Im Algorithmus konnten alle Seiten durch den Experten bewertet werden. Ein besseres Ergebnis kann somit für den TR nicht erzielt werden. Dieses Ergebnis ist akzeptabel, da Seite eins im Ranking vor den Spam-Seiten sechs und sieben platziert ist. Seite eins hat einen konkreten Trust-Wert von 0,29. Seite fünf hat einen Trust-Wert von 0,30. Der Unterschied zwischen beiden Seiten ist somit gering. Der Experteneinsatz für alle Seiten hat Seite eins zur besseren Platzierung verholfen. Dieser Idealfall ist so in der Praxis allerdings nicht anzutreffen.[84] Somit hängt der Algorithmus weiterhin maßgeblich von der Qualität der Vorauswahl ab. Dabei ist zu entscheiden, welches Verfahren zu deren Durchführung verwendet werden sollte. Aus den drei vorgestellten Verfahren, ist der umgekehrte PR geeignet.[85] Allerdings bewertet dieses Verfahren Seite fünf höher als Seite drei und fast so hoch wie Seite vier. Diese Bewertung entsteht durch die die zwei ausgehenden Links, welche für die referenzierten Seiten gleichzeitig die einzigen eingehenden Links sind. Zwar gleicht die Expertenbewertung diesen Umstand später wieder aus, aber es wurde dafür ein Experteneinsatz verbraucht. Das Verfahren zur

---

[84] Expertenbewertung für alle Seiten im Web ist praktisch unmöglich.
[85] Siehe 3.2.

Vorauswahl von Seiten für die Expertenbewertung bildet somit die Grundlage der Experteneinsätze. Es bleibt allerdings zu klären wie Seite fünf dennoch die hohe Position im Endergebnis erreicht hat.[86] Hier zeigt sich der letzte kritische Aspekt des Trust Rank Verfahrens. Die konkrete Berechnung der Trust-Werte wird unter der Annahme durchgeführt, dass vertrauensvolle Seiten auch wieder auf vertrauensvolle Seiten verweisen. Diese Annahme ist in der Praxis so jedoch nicht haltbar. Durch den Link von Seite vier zu Seite fünf wird das Vertrauen von Seite vier teilweise übertragen. Der Dämpfungsfaktor verhindert diese Übertragung nur gering. Es fehlt die zusätzliche Verteilung des Vertrauens von Seite vier auf andere Seiten über zusätzliche ausgehende Links.

Zusammenfassend lässt sich festhalten, dass der Trust Rank eine Verfeinerung bzw. Modifikation des Page Rank ist. Die Verteilung und Dämpfung ist in beiden Berechnungen übereinstimmend. Der wesentliche Unterschied ist, dass der Trust Rank mit anderen Eingaben operiert. Es wird bereits im Vorfeld eine Vorauswahl von geeigneten Seiten getroffen, die anschließend einer Expertenbewertung unterzogen werden. Das Ergebnis des Trust Rank Algorithmus wird somit hauptsächlich von der Auswahl geeigneter Ausgangsseiten bestimmt. Experimente in der Praxis belegen die höhere Qualität der Ergebnisse des Trust Rank Verfahrens. [87] Allerdings sind konkrete Experimente und besonders die Implementierung für das gesamte Web als kritisch anzusehen. Es existiert ein Konflikt zwischen einer Unmenge von Webseiten und einer geringen Anzahl von möglichen Expertenbewertungen. Jedoch lassen sich verschiedene Methoden anwenden, um die Komplexität des Webs theoretisch zu reduzieren und anschließend Berechnungen auszuführen. Allerdings ist es nicht sinnvoll nur den Trust Rank als einziges Verfahren einzusetzen. Suchmaschinen verwenden eine Kombination verschiedener Verfahren, um die Qualität der Suchergebnisse weiterhin zu verbessern und gleichzeitig Spam vorzubeugen sowie zu begegnen. Der Trust Rank Algorithmus stellt dabei einen möglichen Ansatz dar.

---

[86] Obwohl die BOF die Seite als Spam identifiziert hat.

[87] Vgl. [4].

# Literaturverzeichnis

[1]. **Galileo Press GmbH.** Galileo Computing. Wissen, wie's geht. *Glossar.* [Online] Galileo Press GmbH, 2008. [Zitat vom: 09. Juni 2008.] http://www.galileocomputing.de/glossar/gp/anzeige-10077/FirstLetter-W.

[2]. **Netcraft Ltd.** *May 2008 Web Server Survey.* [Online] Netcraft Ltd., 06. Mai 2008. [Zitat vom: 09. Juni 2008.] http://news.netcraft.com/archives/2008/05/06/may_2008_web_server_survey.html.

[3]. **webhits internet design gmbh.** WebHits. *Web-Barometer.* [Online] webhits internet design gmbh, 07. Juni 2008. [Zitat vom: 07. Juni 2008.] http://www.webhits.de/deutsch/index.shtml?webstats.html.

[4]. **Gyöngyi, Zoltán, Garcia-Mlina, Hector und Pedersen, Jan.** Combating Web Spam with TrustRank. *Proceedings of the 30th VLDB Conference, Toronto, Canada.* 2004.

[5]. **Lassmann, Wolfgang, Picht, Jochen und Rogge, Rolf.** *Wirtschaftsinformatik Kalender 2002.* [Hrsg.] Wolfgang Lassmann. Ettlingen : IM Marketing-Forum GmbH, 2001.

[6]. **Mertens, Peter.** *Lexikon der Wirtschaftsinformatik.* Berlin, Heidelberg : Springer-Verlag, 2001.

[7]. **Schwarze, Jochen.** *Einführung in die Wirtschaftsinformatik.* Herne/Berlin : Verlag Neue Wirtschafts-Briefe GmbH & Co., 2000.

[8]. **Theobald, Elke.** NAA-MARKETINGBLICK. *Suchmaschinen im Internet – ein unterschätztes Marketing- Instrument.* [Online] Juni 2007. [Zitat vom: 07. Juni 2008.] http://www.naa.de/newsletter/naa_marketingblick_ausgabe05_2007.pdf.

[9]. **Schwarze, Jochen.** *Mathematik für Wirtschaftswissenschaftler.* Herne/Berlin : Verlag Neue Wirtschafts-Briefe, 2000. Bd. 3.

[10]. **Dörsam, Peter.** *Mathematik anschaulich dargestellt für Studierende der Wirtschaftswissenschaften.* Heidenau : PD-Verlag, 2002.

[11]. **Erlhofer, Sebastian.** *Suchmaschinen-Optimierung für Webentwickler: Grundlagen, Funktionsweisen und Ranking-Optimierung.* Bonn : Galileo Press, 2006.

[12]. **Glöggler, Michael.** *Suchmaschinen im Intenet.* Berlin Heidelberg : Springer-Verlag, 2003.

[13]. **Hardt, Manfred und Theis, Fabian.** *Suchmaschinen entwickeln mit Apache Lucene.* Frankfurt : Software & Support Verlag GmbH, 2004.

[14]. **Baeza-Yates, Ricardo und Ribeiro-Neto, Berthier.** *Modern Information Retrieval.* Harlow : Addison-Wesley, 2003.

[15]. **Schmitz, Mathias.** *Suchmaschinen Marketing.* [Online] F&P GmbH, Juli 2002. [Zitat vom: 15. Juni 2008.] http://www.contentmanager.de/magazin/artikel_201_suchmaschinen_marketing.html.

[16]. **ZEIT online GmbH.** *Google - "Das ganze Web auf dem PC".* [Online] ZEIT online GmbH, 09. März 2006. [Zitat vom: 02. Juni 2008.] http://www.zeit.de/2006/11/Vorabdruck_Google.

www.ingramcontent.com/pod-product-compliance
Lightning Source LLC
La Vergne TN
LVHW042308060326
832902LV00009B/1356